Kapitel 1: Die erste Begegnung mit dem Freund meiner Tochter

Kapitel 1:	Die erste Begegnung mit dem Freund meiner Tochter	1
Kapitel 2:	Meine Frau ist die Erste am Tatort	47
Kapitel 3:	Ab heute bin ich ein Mörder	87
Kapitel 4:	Sushi Zanmai!	107
Kapitel 5:	Wir werden beobachtet!	127
Kapitel 6:	In die Erde	147
Kapitel 7:	20 Jahre Teamarbeit	167

REIKA SCHENKT MIR JEDES JAHR ETWAS. ICH LIEBE SIE.

„Mama und Papa" (von Reika, als sie 7 war; Wasserfarbe auf Zeichenpapier)

„Papa" (von Reika, als sie 6 war; Wachsmalstift auf Zeichenpapier)

„Papa" (von Reika, als sie 5 war; Wachsmalstift auf Werbeflyer)

IN DEN LETZTEN JAHREN NAHM DIE QUALITÄT DER GESCHENKE GEWALTIG ZU, WAS AUCH EINIGES GEKOSTET HAT ... ICH LIEBTE ES, WIE SIE BEIM SCHENKEN IMMER IHRE VERLEGENHEIT VERBERGEN WOLLTE.

„Robo-Tetsuo" (von Reika, als sie 17 war; Plastikfigur, die sich dank eines Elektromotors bewegen kann)

„Tetsuo als Samurai" (von Reika, als sie 16 war; Gips, 10.000 Yen)

„Zuhause" (von Reika, als sie 15 war; Ölfarbe, 5.000 Yen)

FÜR REIKA WÜRDE ICH WIRKLICH ALLES TUN.

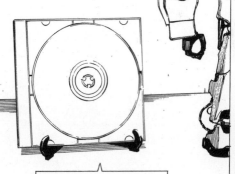

„Song für Tetsuo (auf Klavier)" (von Reika mit 18 komponiert und gespielt von ihr selbst; 2 Minuten und 14 Sekunden, 30.000 Yen)

JUHUU! NOCH EIN GESCHENK DIESES JAHR!

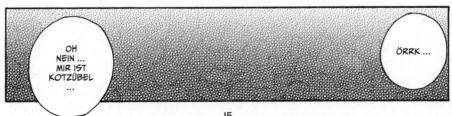

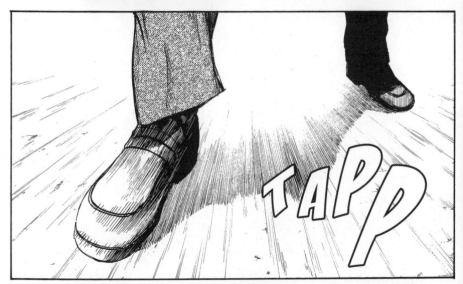

BEVOR ES FÜR MICH NORMAL WURDE, IRGEND-WELCHE DAHER-GELAUFENEN TAUGENICHTSE ODER STUDENTEN DAVONZUJAGEN ...

DAS WERDE ICH NICHT ZULAS-SEN!

IN DIESER WELT IST MEINE KLEINE FAMILIE ...

... MEIN KOST-BARSTER SCHATZ.

... WAR ICH SO ...

GLÜCK-LICH ...

OB NOBUTO ...

... NOCH WÜTEND IST?

SCHATZ ...

TETSUO?

Kapitel 1 – Ende

Kapitel 2: Meine Frau ist die Erste am Tatort

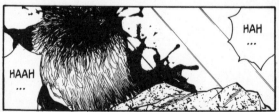

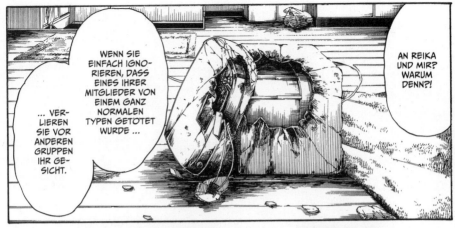

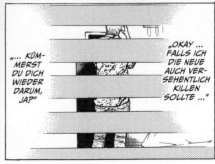

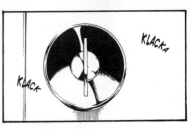

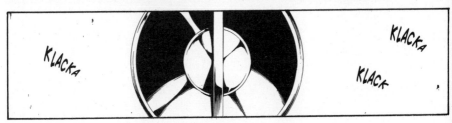

IST WIRKLICH NIEMAND HIER?

BATTAM

DANN KANN ICH GEGEN IHN NICHTS UNTERNEHMEN!

ER TELEFONIERT MIT JEMANDEM! SIND SEINE LEUTE DA DRAUSSEN?

?!

OKAY. ICH GUCK MICH HIER 'NE MINUTE UM, DANN GEH ICH WIEDER. ER IST WAHRSCHEINLICH NICHT HIER.

ER IST REINGEKOMMEN! WAS MACH ICH JETZT? WENN ER DIE LEICHE SIEHT, BIN ICH ERLEDIGT!

HM? DIE WOHNUNG WURDE VÖLLIG AUSEINANDERGENOMMEN. VIELLEICHT WAR DAS NOBUTO?

UND ER WEISS VIELLEICHT AUCH, WER ICH BIN!

75

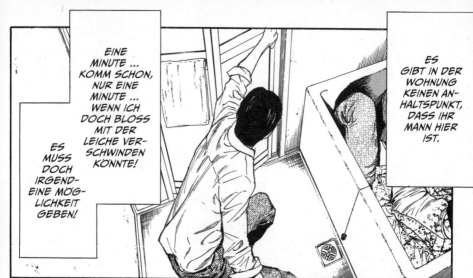

HM?
IST HIER DAS BAD?

!

ER IST NICHT HIER.

RATTER

...

... VOR-HIN AUCH SCHON ZU?
WAR DIE TÜR ...

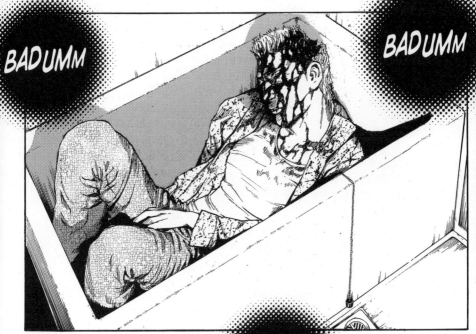

SCHEISSE!

WO ZUR HÖLLE STECKT NOBUTO?

ICH MUSS DIE SITUATION IN DEN GRIFF KRIEGEN ...

NOBUTO SOLLTE DER FREUND DES MÄDCHENS WERDEN ...

... DAMIT UNS IHR REICHER OPA AUF DEN LEIM GEHT.

DANN IST ABER NOBUTO AUSGETICKT, UND WIR HABEN DEN KONTAKT ZU IHM VERLOREN.

JEDES MAL, WENN ER AM RAD DREHT, VERLIEREN WIR DIE KONTROLLE!

WIR MÜSSEN IHN STOPPEN, BEVOR ER WIEDER FEHLER MACHT!

HAT SICH DER IDIOT AUF DEN WEG GEMACHT, UM DEM MÄDCHEN ZU FOLGEN?

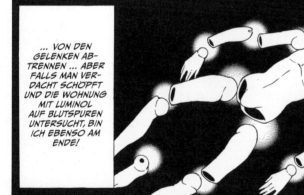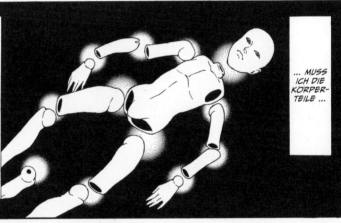

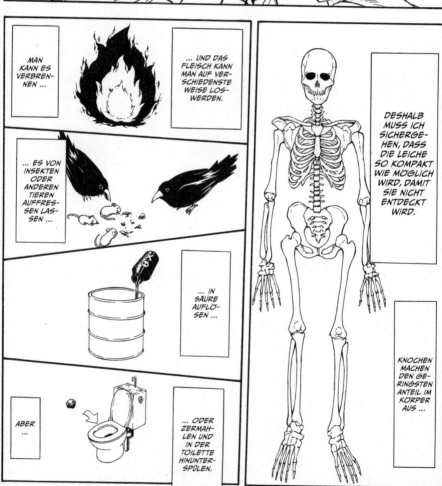

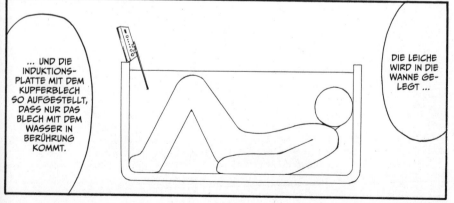

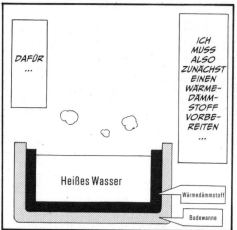

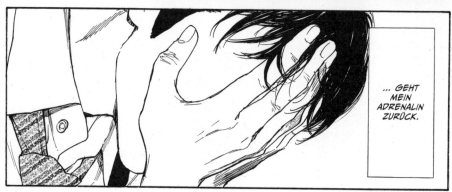

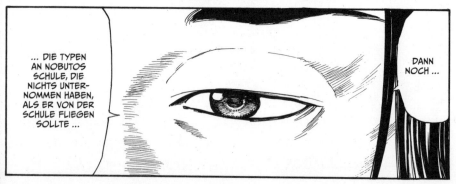

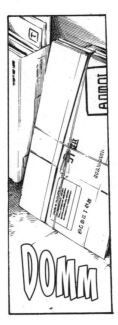

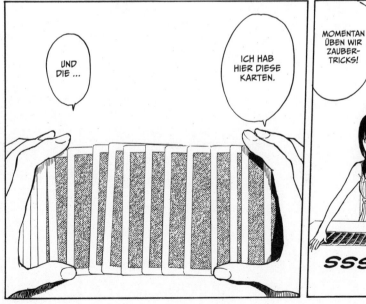

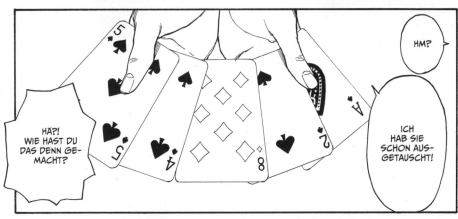

BONK

Der Zombiefilm „Psycho Splatter"!

Psycho Splatter

Für Zuschauer ab 16 Jahren

Und heute in der 2-Uhr-Premiere ...

Die 2-Uhr-Premiere

Wir zeigen den viel diskutierten Film, der letztes Jahr in die Kinos kam ...

... heute Nacht im Director's Cut!

Kapitel 4 – Ende

Psycho Splatter

Kapitel 5: Wir werden beobachtet!

... WIR SOLLTEN UNS WIRKLICH BEEILEN, WENN WIR IHN VERGRABEN WOLLEN.

ACH, SCHON OKAY. ABER ...

TUT MIR LEID.

ICH HAB DICH MIT REINGEZOGEN.

... SIND DIE KNOCHEN UND ETWA DIE HÄLFTE VOM FLEISCH ÜBRIG GEBLIEBEN.

VON DER LEICHE ...

ICH HABE 500 GRAMM PRO SPÜLVORGANG REINGEWORFEN. DAS IST DAS DOPPELTE VON DEM, WAS MAN BEI EINEM GROSSEN GESCHÄFT HINTERLÄSST.

DANN HABE ICH ES IN DER TOILETTE HINUNTERGESPÜLT.

ICH HABE NOBUTOS LEICHE SO LANGE GEKOCHT, BIS DAS GANZE FETT AUS SEINEM FLEISCH HERAUSGELÖST WURDE UND ICH ES ZERKLEINERN KONNTE.

FLUPP

FÜR DAS SPÜLEN HÄTTE ICH DREI VOLLE BADEWANNEN WASSER VERBRAUCHT. ZUSAMMEN MIT DEM WASSER, DAS TATSÄCHLICH IN DER WANNE WAR, WÄRE ICH ALSO AUF VIER WANNEN GEKOMMEN.

Die Wanne enthielt um die 200 l Wasser.

Einmal Spülen benötigt 6 l.

Ohne Knochen, Fett und Körperflüssigkeit wogen die Leichenteile inklusive der beim Kochen aufgenommenen Wassermenge ungefähr 50 kg.

BEI DEN INSGESAMT RUND 50 KILO FLEISCH HÄTTE ICH DIE SPÜLUNG HUNDERTMAL BETÄTIGEN MÜSSEN.

Hundertmal Spülen macht einen Wasserverbrauch von 600 l.

200 l + 600 l = 800 l

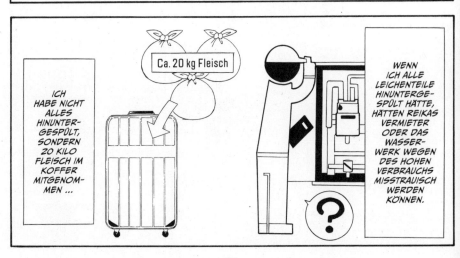

ICH HABE NICHT ALLES HINUNTERGESPÜLT, SONDERN 20 KILO FLEISCH IM KOFFER MITGENOMMEN ...

Ca. 20 kg Fleisch

WENN ICH ALLE LEICHENTEILE HINUNTERGESPÜLT HÄTTE, HÄTTEN REIKAS VERMIETER ODER DAS WASSERWERK WEGEN DES HOHEN VERBRAUCHS MISSTRAUISCH WERDEN KÖNNEN.

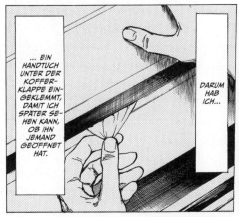

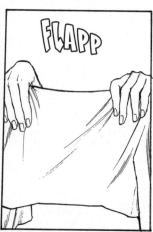

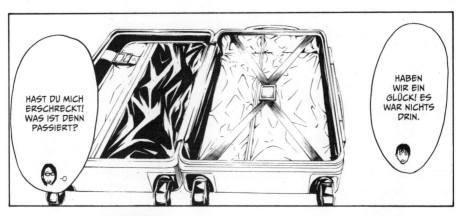

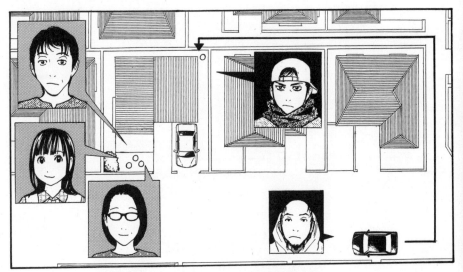

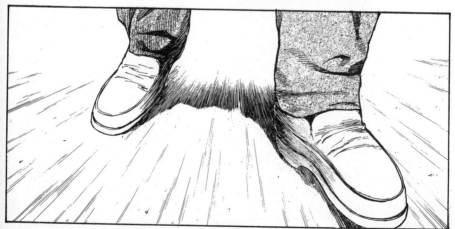

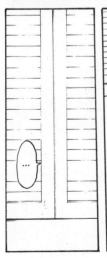

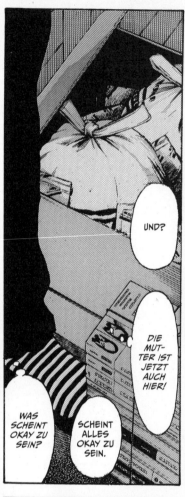

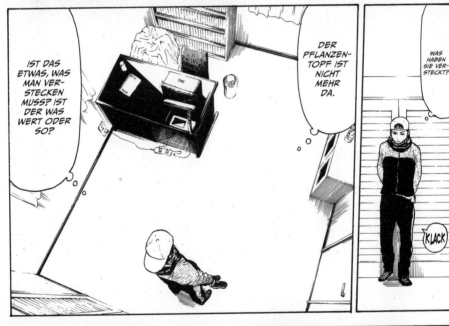

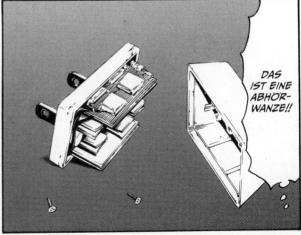

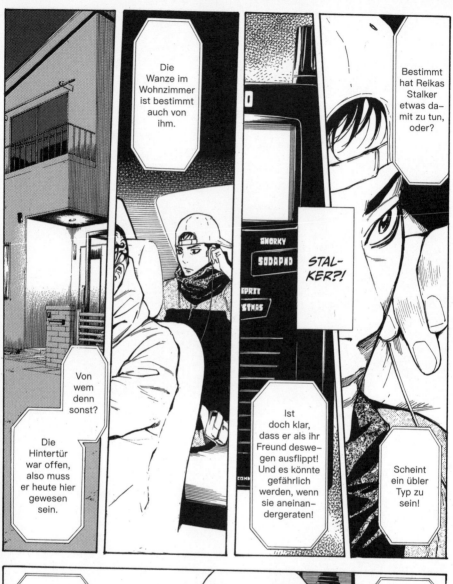

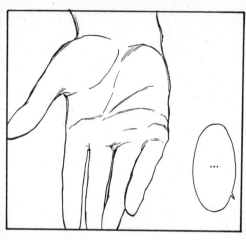

ICH BIN EIN KLEINER, SCHWACHER MANN, DER JEDEN MOMENT ZUSAMMENBRECHEN KÖNNTE ...

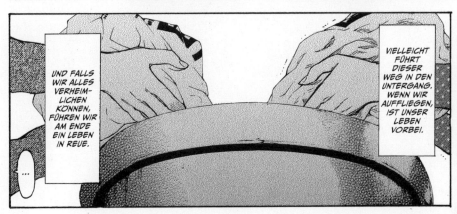

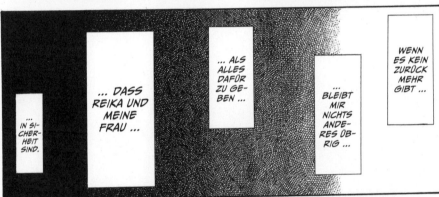

Fortsetzung folgt im nächsten Band!

> Sieh die Welt mit neuen Augen!

BLUE PERIOD

Tsubasa Yamaguchi

Yatora Yaguchi hat gute Noten – aber keine Leidenschaft. Er trinkt, raucht und treibt sich nachts in der Stadt herum. Aber glücklich macht ihn das nicht. Kurz vor dem Schulabschluss muss er sich fragen, ob das wirklich alles ist, was er vom Leben zu erwarten hat.

Da kommt er durch einen Zufall mit der Malerei in Kontakt – und plötzlich sieht er die Welt mit anderen Augen ...

14x21 | SC | sw
224 Seiten | € 10,– (D)